AF456731

APERÇU

de la

PROPOSITION DE LOI

portant reconnaissance

de la

PROPRIÉTÉ COMMERCIALE

par

ÉDOUARD GOUDAUD

PUBLICISTE
SPÉCIALISTE EN LOYERS

Prix : 1 fr. 50

Par la poste : 1 fr. 60

BORDEAUX
IMPRIMERIES GOUNOUILHOU
9-11, rue Guiraude

1922

AVANT-PROPOS

Je sais, par le nombre imposant de lettres que j'ai reçues à ce sujet, combien est angoissante la situation de beaucoup de locataires commerçants ou industriels.

C'est chaque jour qu'on me pose des interrogations sur la loi dite de la « Propriété commerciale », et surtout sur la date de sa mise en vigueur. Malgré mon vif désir d'être agréable à chacun, je n'ai jamais pu répondre qu'une chose, sous peine de dépasser le cadre qui m'est réservé, c'est que, prochainement votée, elle intéresserait l'ensemble des commerçants et industriels locataires.

En quelques lignes, des précisions m'étaient impossibles ; par lettre individuelle, cela m'eût entraîné beaucoup trop loin.

Aussi, devant la persistance de ces demandes, émanant tant de propriétaires inquiets possédant des immeubles à usage commercial ou industriel que de leurs locataires anxieux, j'estime rendre service aux uns et autres, — du moins tel est mon but, — en publiant dans cette plaquette quelques notes rapides à la veille de la reprise des travaux parlementaires.

Le texte intégral de l'importante proposition de loi qui va être discutée aussitôt la rentrée des Chambres leur faisant suite, mes lecteurs pourront s'assimiler ainsi les différents articles qui la constituent et, dès le débat ouvert, en suivre toutes les phases avec intérêt et avec fruit.

Dans cette publication destinée plutôt à la vulgarisation qu'à faire œuvre de parti, je me suis attaché à brosser un tableau aussi exact que possible des origines de cette loi et à noter au passage quelques exemples, pris entre mille, qui lui feront un cadre assorti.

Éd. GOUDAUD,

13, rue de la Prévôté, Bordeaux.

Le 20 septembre 1922.

I

LA QUESTION DES LOYERS

Chacun sait, depuis la fin des hostilités, quelle part prépondérante a prise, dans notre vie-quotidienne, la question des loyers.

Autrefois, je veux dire avant la guerre, — ne vous semble-t-il pas qu'il y a un siècle déjà? — si l'on ne savait trop comment entamer la conversation en s'abordant, on parlait invariablement de la pluie ou du beau temps. C'était le leitmotiv favori qui, on peut bien le dire, se ressassait dans tous les milieux.

Aujourd'hui, s'est-on à peine serré la main dans la rue, a-t-on tout juste lié conversation dans un tramway ou dans un train, les ménagères se sont-elles saluées sur le seuil de leur porte ou rejointes au marché, que dans toutes les bouches renaît à chaque instant la sempiternelle question des loyers.

Le gros propriétaire se plaint à son ami des charges écrasantes qui pèsent sur la propriété bâtie : impôts, taxes, frais de vidanges, assurances, réparations, etc., etc. Il a raison.

Le petit propriétaire, lui, se lamente de subir les mêmes difficultés en y ajoutant celle de l'expropriation sans indemnité que l'État lui a imposée. Il n'a pas tort.

Mais si le premier a généralement peu perdu de ses loyers pendant la guerre, il n'en a pas été de même du second qui, de par la loi, a dû céder sa propriété alors qu'il n'avait souvent que son revenu pour vivre, si encore il n'était pas diminué des intérêts dus en raison d'une hypothèque.

**

Faisant chorus, les doléances des locataires ne sont pas moins acrimonieusement exprimées et le calme relatif dû à la première période des prorogations de la loi du 9 mars 1918 a fait place, depuis, à des rancœurs exprimées sur un ton qui laisse à penser que la concorde est loin de régner encore dans les esprits.

Pour eux aussi, reconnaissons que les lois d'exception qui les ont momentanément protégés au début, les font maintenant glisser un à un dans le droit commun où les guettent certains qui ne comprennent ou ne veulent rien comprendre à la situation anormale actuelle et dont l'arbitraire appellera l'inflexible rigueur d'une législation qui naîtra des faits eux-mêmes qu'ils auront créés. Le « bon propriétaire » — il y en a — paiera comme le mauvais. La loi sur la reconnaissance de la propriété commerciale n'a pas d'autre origine.

Ne savent-ils donc pas qu'une loi ne vient pas ainsi à l'improviste? Qu'elle est la résultante d'une série d'événements qui permettent de la voir en quelque sorte se dessiner à l'état embryonnaire, puis se développer graduellement et, par étapes successives et nettement marquées, finir par s'imposer? L'abus exagéré d'un droit appelle la loi qui le limite avec la même force irrésistible que l'aimant attire le fer.

Ces courtes observations n'ont d'autre objectif que de mettre en garde ceux qui, poussés par un désir de bénéfices exagérés, nuisent à la classe tout entière des propriétaires. Qu'ils fassent attention, ils pourraient très bien amener le législateur à élaborer de nouvelles lois qui, cette fois, ne les laisseraient plus entièrement les maîtres.

Il ne faut pas oublier que, pendant la guerre et même depuis, le droit de propriété a reçu quelques accrocs dont il aura bien de la peine à se relever. Je ne puis mieux faire, pour le prouver, qu'en citant les paroles que mon distingué compatriote et ami, M. Raymond Duplantier, sénateur de la Vienne, prononçait à la tribune du Sénat, au cours de la discussion de la loi du 6 janvier 1922 contre l'expulsion des locataires, pour défendre un amendement rédigé par lui :

« ..... Pour ces raisons et pour d'autres, qu'il serait trop long d'exposer à cette heure, je me déclare nettement adversaire de cette loi qui consacre une exception fâcheuse aux principes admis jusqu'ici : le droit de propriété et le respect des conventions librement consenties. Vous craignez l'émeute dans la rue, vous nous menacez de la révolution et vous l'introduisez d'une façon sournoise et subreptice dans la législation elle-même.

» Pour ma part, j'avoue que j'aimerais mieux voir dans la rue le spectacle de l'émeute, dont on cherche à nous épouvanter, que d'assister à ces introductions hypocrites de l'anarchie dans les textes législatifs. Mais enfin, puisque vous vous êtes prononcés pour le principe même de la proposition, et puisque vous prétendez que la pensée qui vous guide est un désir de conciliation sociale, il faut voir quels sont les moyens pratiques d'arriver à cette conciliation que vous proclamez souhaitable entre les intérêts opposés du locataire et du propriétaire..... »

Malgré son cri d'alarme, l'honorable sénateur ne fut pas suivi par le Sénat, et il faut reconnaître que c'est là un état d'esprit bien symptomatique.

II

A L'HOMME UN ABRI EST INDISPENSABLE

La loi du 31 mars 1922 est bien, pour le législateur, l'acheminement, la dernière étape si l'on veut, vers le droit commun. Mais droit commun ne veut pas dire abus dans cette sphère des habitations. Il veut dire liberté des conventions après libre discussion de celles-ci. Or, peut-on soutenir qu'à l'heure présente le locataire discute librement les clauses de son contrat de location? Non. Il accepte tout, parce qu'il lui faut un abri et on sait que celui-ci fait partie des trois besoins primordiaux de l'homme avec la nourriture et le vêtement.

La lente élaboration des siècles l'a ainsi voulu et si, à quelques exceptions près, dans notre pays, les troglodytes ont disparu, reconnaissons en passant que les cavernes qu'ils habitaient leur faisaient moins courir le risque des intempéries que bien des maisons de villes de ma connaissance.

Donc, l'homme ne peut plus se passer d'une demeure pour lui et les siens. Généralement il tient à l'aménager à sa fantaisie, pour en faire un milieu agréable où il goûte les joies de la famille et se repose de son labeur quotidien, quand faire se peut.

De même, les commerçants, qui sont loin d'être tous des mercantis et des profiteurs de la guerre, ont besoin d'un local pour exercer leur profession, dans leur intérêt, dira-t-on, c'est possible, mais aussi pour le public auquel profite le jeu de la concurrence.

Nous en étions arrivés à cette étape où le bien-être paraissait, à des degrés différents bien entendu, gagner les plus modestes foyers. Propriétaires et locataires étaient presque partout de bons amis et la meilleure preuve, c'est que leurs conventions, dans la plupart des cas, étaient verbales et valaient le plus parfait des écrits.

Il y avait, certes, de mauvais locataires et de mauvais propriétaires. C'était pour les deux camps le petit nombre et l'exception confirmait une fois de plus la règle. On trouvait régulier que, tout le monde ne pouvant être propriétaire, il était juste que ce dernier mît à la disposition de celui qui ne pouvait pas l'être le surplus de ses locaux moyennant un équitable revenu des capitaux engagés.

III

DES ABUS D'OU EST SORTIE LA LOI

Maintenant, la discorde est partout, et ceux qui en douteraient n'ont qu'à faire un tour les jours d'audience dans les prétoires des justices de paix de Bordeaux, par exemple. L'équilibre étant rompu entre ces deux forces qui se sont neutralisées si longtemps, le besoin de logement étant resté quand même aussi impérieux, on se demande avec anxiété si quelques exigences ne vont pas amener un bouleversement complet dans le régime de la propriété individuelle.

Les exemples pullulent et le rapporteur de la proposition de loi sur la propriété commerciale, M. Arthur Levasseur, député de Paris, en a concrétisé une série dans son rapport qui sont vraiment saisissants.

Disons ici que c'est à tort que cette proposition de loi a été dénommée « Proposition de loi portant reconnaissance de la propriété commerciale », mais il est de ces déformations contre lesquelles il est difficile, sinon impossible de réagir.

Sa vraie dénomination eût dû être : « Proposition de loi modifiant l'article 1737 du Code civil en ce qui concerne le renouvellement des baux à loyer d'immeubles à usage commercial ou industriel (1). »

Ma longue pratique dans la matière des loyers m'a mis tour à tour en rapport avec un grand nombre de propriétaires et de locataires. J'ai constaté souvent qu'avec un peu de bonne volonté

---

(1) C'est ainsi du reste qu'elle figure à l'annexe au procès-verbal de la séance de la Chambre des députés du 16 février 1922 (nº 3910).

on peut arriver à les mettre d'accord : le locataire desserre les cordons de sa bourse, — c'est ce que demande le propriétaire, — et celui-ci allonge la prorogation, — c'est ce que désire le locataire. Mais j'ai trouvé des intransigeances qui, répétées, compromettront les intérêts directs des propriétaires. Voyez plutôt :

Un locataire, bénéficiant d'une prorogation professionnelle pour deux ans encore, reçoit congé, puis est cité devant le juge de paix aux fins d'expulsion. Sa propriétaire n'a que ce motif : elle ne peut plus le sentir, elle n'en veut plus à aucun prix, il faut qu'il s'en aille. Et notez que cette dame a plusieurs maisons à Bordeaux et un appartement luxueux dans une de nos plages les plus mondaines. Elle veut le local pour placer des meubles.

Donc, pas de nécessité absolue pour occuper l'appartement. La décision du juge n'est pas douteuse : il déboutera la demanderesse et maintiendra le locataire jusqu'à la fin de sa prorogation professionnelle. Mais le droit commun ayant saisi à ce moment-là le locataire, c'est l'huissier qui l'expulsera dès le lendemain, sans qu'aucun compte soit tenu d'une jouissance de fait de plus de vingt ans, de l'offre d'une augmentation normale, d'une parfaite honorabilité, etc.

Une dame commerçante, ayant un bail en cours de prorogation professionnelle pour deux ans et demi, voit tout récemment son propriétaire venir lui faire l'offre impérieuse de signer dans la quinzaine un nouveau bail de 4.000 francs, au lieu de 1.200, sous peine d'expulsion sans pitié à la fin de sa prorogation actuelle. Le commerce est là depuis plus de vingt ans : aller ailleurs, c'est sans doute la ruine ; rester là, c'est peut-être la faillite, attendu que les impôts suivront la progression du loyer. Le bail à effet immédiat a été signé.

Un boulanger bien achalandé m'écrit que, locataire verbal d'avant guerre au prix de 2.000 francs, son propriétaire exige 6.000 francs de loyer (plus les charges, impôts, etc.), pour lui consentir un bail à effet immédiat, sans tenir compte de la prorogation en cours : « Si je n'accepte pas, dit-il, c'est la ruine à la fin de ma prorogation puisque je suis dans l'impossibilité de vendre mon fonds que j'ai acheté et accru; si j'accepte, comment ferai-je pour faire face à cette écrasante charge ? »

Dans une commune des Hautes-Pyrénées, une petite commerçante voit passer, par échelons successifs, sous menace d'expulsion, son loyer d'avant guerre de 12 francs par mois à 144 francs !

Une autre tient un magasin depuis quinze ans. Le propriétaire vend la maison à un commerçant qui fait le même commerce que le locataire et, naturellement, le nouvel acquéreur donne congé à ce dernier pour occuper le local et supprimer un concurrent.

Tout près d'ici, une veuve de guerre avec trois enfants mineurs tient un petit commerce très prospère depuis 1918 et a souscrit, en 1921, au prix de 1.500 francs, un bail de 3, 6, 9, sans aucune réparation à exiger, au lieu de 700 francs que payait le prédécesseur. La maison est en très mauvais état et a été payée 10.000 francs par le propriétaire. Celui-ci fait savoir à sa locataire que si elle ne lui achète pas son immeuble 45.000 francs, il résilie le bail à la fin de sa première période, en 1924.

Bail d'une profession libérale d'avant guerre dans une grande ville du Sud-Ouest, au prix de 3.800 francs. A son expiration, il est renouvelé pour une courte période au prix de 7.000, puis aujourd'hui à 13.000 !

Un propriétaire, dans un chef-lieu du Midi, achète un hôtel et ses dépendances où le tenancier faisait de bonnes affaires. Il intimide celui-ci et lui fait signer un accord abaissant à deux ans son droit de prorogation, lui affirmant alors qu'il n'exercera pas le même commerce et qu'il montera une industrie. L'autre croit avoir le temps de se retourner; pas du tout. Il ne peut trouver un local pour se réinstaller. Les deux ans passés, le propriétaire le met en demeure de vider l'immeuble. La mort dans l'âme, le maître d'hôtel est obligé de vendre tout son matériel aux enchères publiques et le voilà sur le pavé, dans une situation voisine de la misère. Le propriétaire fait des réparations, traîne en longueur, et, un beau jour, installe une buvette, puis un restaurant, puis ouvre les écuries et sous peu ce sera sans doute l'hôtel.

IV

RESTRICTION DU DROIT DE PROPRIÉTÉ

Vous sentez bien qu'en multipliant ces exemples à l'infini, et il me serait facile de le faire, vous avez là la source indiscutable des plaintes d'où est sortie la proposition de loi sur la propriété commerciale. C'est de cette fausse notion qu'ont eue certains propriétaires du droit qu'ils tiennent au sens strict de l'article 544 du Code civil, alors que le commerce a singulièrement progressé depuis sa rédaction; c'est de son exagération que naissent une à une les restrictions apportées à ce droit.

La propriété est le droit de jouir et de disposer des choses de la manière la plus absolue, pourvu qu'on n'en fasse pas un usage prohibé par les lois ou par les règlements. (Art. 544 C. C.)

Eh bien ! mais ces lois élaborées par le législateur, ces règlements édictés par les pouvoirs locaux ne sont intervenus que pour réprimer déjà un abus de jouissance et la loi en préparation ne vient qu'aggraver ce qui a été fait en ce sens jusqu'à ce jour, parce que la crise des loyers est venue accentuer les difficultés qui rendent présentement les rapports de propriétaire à locataire si pénibles, si douloureux.

Sur le chantier depuis longtemps, cette loi n'a évolué qu'avec une sage lenteur, le législateur n'ayant voulu marcher qu'avec une prudence calculée dans les travaux d'approche qui allaient porter une nouvelle atteinte au droit de propriété.

Disons qu'étudié avec soin, le texte initial a subi de profondes retouches : les Chambres de commerce ont été appelées à donner leur avis; la Chambre des députés, après une discussion qui a duré plusieurs semaines et au cours de laquelle les débats ont été parfois vifs, où contre-projets et amendements venus des partis les plus opposés ont été déposés et âprement défendus, a voté finalement le projet d'ensemble le 13 mars 1919 (1).

A son tour, le Sénat y a apporté des modifications importantes et a voté l'ensemble le 23 novembre 1920 (2).

Depuis lors, la Commission du commerce et de l'industrie a examiné à nouveau le texte remanié par le Sénat et M. Levasseur, député de Paris, a déposé son rapport le 15 février dernier sur le bureau de la Chambre, au nom de cette commission qui l'a approuvé à l'unanimité. L'honorable rapporteur a fait le nécessaire pour que, dès la rentrée d'octobre, la Chambre en aborde la discussion.

*
* *

M. Levasseur dit dans son rapport que cette loi est justifiée par « l'évolution qui s'est produite dans les mœurs et qui a rendu indispensable l'élaboration d'un statut du locataire commerçant, se précipitant au cours de ces dernières années dans des

---

(1) Voir le *Journal officiel* du 26 février au 14 mars 1919.

(2) Voir le *Journal officiel* du 19 octobre au 24 novembre 1920.

conditions et avec une rapidité telles que seule une intervention prudente, mais efficace, de la loi peut empêcher une catastrophe ».

Dans son chapitre premier intitulé « Justification de la propriété commerciale », il montre lumineusement comment se créent et progressent les situations commerciales, donnant une plus-value énorme à l'immeuble occupé, et qui ne peuvent permettre au locataire de quitter celui-ci, où son œuvre s'est développée, sans « mourir commercialement ».

Bien avant 1911, mais surtout à cette époque, des plaintes plus accentuées par des expulsions de petits commerçants obligés de céder la place à de grosses sociétés payant et surpayant combien de fois le propriétaire, précipitèrent le mouvement.

La guerre survenant, M. Levasseur ajoute que sans les lois de 1918 et de 1922 il y aurait eu déjà un nombre incalculable de ruines. C'est, du reste, pourquoi il essaya, au début de la discussion de la loi du 9 mars 1918, exactement le 19 avril 1916, d'introduire le principe de la propriété commerciale par le renouvellement obligatoire des baux arrivés ou arrivant à expiration.

M. Lepargneur, dans son « Droit des locataires à la prorogation de leurs baux et locations verbales » (1) relate la discussion de cette proposition et expose que, par elle, M. Levasseur ne faisait que « reprendre une idée qui lui était chère et qu'il avait déjà exprimée le 26 février 1915 sous la forme d'un amendement à la loi sur la limitation des boissons ». En effet, M. Levasseur est un des promoteurs et des plus ardents défenseurs de la loi sur la propriété commerciale.

Qu'entend-on par propriété commerciale? C'est l'installation matérielle, l'achalandage, les enseignes, les marchandises diverses, le droit au bail,

(1) Voir ce traité pages 6 et suivantes.

les marques de fabrique et d'origine. Le droit au bail constitue en général l'élément le plus important puisque sans lui les autres ne sont rien.

Le législateur, reconnaissant l'évolution formidable opérée par le commerce au cours du XIXe siècle, a déjà commencé à protéger les divers éléments du fonds de commerce (loi du 17 mars 1909 sur la vente et le nantissement des fonds de commerce; lois sur les noms et marques de fabrique et de commerce, etc.). Il veut que le commerçant bénéficie du fruit de son travail, de sa ténacité, de toutes ses peines, qu'il ait les mêmes droits sur sa chose que « l'inventeur sur son invention, ou que l'écrivain sur ses œuvres ».

C'est bien là « une propriété greffée sur une autre » qui, susceptible d'hypothèque, a besoin d'une durée garantie. Sans cela, l'hypothèque ainsi consentie ne saurait être efficace et le prêteur serait trompé par la loi elle-même.

M. Levasseur, après avoir démontré que la stabilité des fonds commerciaux est nécessaire au double point de vue fiscal et économique, — car sans elle le commerçant étant obligé d'amortir plus vite son prix d'acquisition, répartit cet amortissement sur le prix de vente de ses marchandises que le client paie ainsi plus cher — s'efforce de prouver que l'instabilité des baux a été une des causes de la vie chère et que le maintien du régime actuel entraînerait la disparition du petit commerce.

Il n'hésite pas à dire dans sa conclusion que cette loi, jointe aux autres touchant le même sujet, apporte sa pierre à l'édifice où s'élabore peu à peu le code de la propriété commerciale.

A son tour, M. Cautru, député, a, au nom de la Commission de la législation civile et criminelle, présenté un avis sur la susdite proposition de loi.

Après s'être affirmé partisan convaincu du droit de propriété tel qu'il est défini par les articles 2 et 17 de la Déclaration des droits de l'homme et du citoyen, il critique le projet Levasseur parce qu' « il ouvre de nouvelles perspectives aux magistrats qui n'interpréteront plus les conventions, mais les feront de toutes pièces ».

Toutefois, il reconnaît que ce texte contient d'excellentes et légitimes réformes :

« 1° Empêcher le propriétaire d'expulser le locataire dans le but de s'approprier le bénéfice de l'effort commercial qu'il a produit pendant la durée de son bail;

» 2° Le droit à indemnité pour le locataire expulsé toutes les fois que « le propriétaire ou le nouveau » locataire tireront un avantage appréciable de » l'accroissement de clientèle et d'achalandage créé » par le locataire sortant. »

En outre, il définit « abus du droit » le cas du propriétaire qui, par caprice, cause un grave préjudice au locataire, car il n'ignore point, lorsqu'il loue le rez-de-chaussée de son immeuble à un commerçant, que celui-ci en fait là une affectation spéciale sur laquelle il vit et qui contribue, pour une large part, à donner souvent une valeur considérable à son immeuble dont il est le premier à profiter.

M. Cautru conclut, en raison des difficultés qu'il entrevoit, en souhaitant que le droit commun de l'article 1382 du Code civil soit plus efficacement appliqué.

***

Texte de la proposition de loi portant reconnaissance de la propriété commerciale

Article premier. — Lorsqu'un bail commercial arrive à expiration, le locataire a un droit de priorité pour louer à nouveau, pour une durée égale à celle du bail en cours, les locaux qu'il occupe.

Il doit notifier sa demande, par acte extrajudiciaire ou par lettre recommandée avec avis de réception, deux ans au moins avant la fin du bail. Le bailleur doit lui répondre, aussi par acte extrajudiciaire ou par lettre recommandée avec avis de réception, dans les deux mois après la notifi-tionc de la demande.

Art. 2. — Au cas où le bailleur accepte de renouveler le bail, mais avec des conditions nouvelles, et si les parties ne peuvent se mettre d'accord sur ces conditions, deux arbitres sont nommés, un par chacune des parties, à l'effet de statuer sur le différend. Le preneur notifie au bailleur, dans le délai de quinze jours, par acte extrajudiciaire ou par lettre recommandée avec avis de réception, les nom, profession et domicile de l'expert choisi par lui. A défaut par le bailleur de désigner, par acte extrajudiciaire ou par lettre recommandée avec avis de réception, un arbitre dans le délai de quinze jours après cette notification, la désignation est faite par le président du tribunal civil, statuant en référé. Les arbitres doivent statuer dans les trois mois après leur nomination. En cas de partage, ils nomment un tiers arbitre; s'ils ne peuvent s'entendre sur sa nomination, le tiers arbitre est nommé par le président du tribunal civil, statuant en référé. Le tiers arbitre rend sa décision dans le délai d'un mois après son acceptation. Le renouvellement du bail a lieu conformément à la décision des arbitres qui statuent comme amiables compositeurs. Cette décision n'est susceptible ni d'appel, ni de requête civile. Elle est rendue exécutoire par ordonnance du président du tribunal civil.

Art. 3. — Le bailleur peut refuser de renouveler le bail, pour occuper, lui-même ou ses enfants, son immeuble. Mais il ne peut, en ce cas, pendant un délai de six ans, à peine de dommages-intérêts, exercer dans l'immeuble le même commerce ou la même industrie, ni un commerce ou une industrie similaire.

Art. 4. — Si le bailleur, sans vouloir reprendre l'immeuble pour l'occuper lui-même, refuse de renouveler le bail, et s'il ne justifie pas son refus par des motifs graves et légitimes, le locataire peut demander des dommages-intérêts. Il est, de plus, interdit en ce cas au bailleur, pendant un délai de six ans, à peine de dommages-intérêts, de louer l'immeuble à un nouveau locataire exerçant le même commerce ou la même industrie ou un commerce ou une industrie similaire.

Art. 5. — Les dispositions des deux articles qui précèdent ne s'appliquent pas, en ce qui concerne l'interdiction d'exploiter ou de laisser exploiter, dans l'immeuble dont le bail n'est pas renouvelé, le même commerce ou la même industrie ou un commerce ou une industrie similaire, dans les cas où l'immeuble, en raison de sa construction ou de son emplacement, ne peut être affecté à un autre commerce ou à une autre industrie. Mais, dans ce cas, si le propriétaire ou le nouveau locataire tirent un avantage appréciable de l'accroissement de clientèle ou d'achalandage créé par le locataire sortant, celui-ci peut agir contre eux en indemnité à concurrence de leur enrichissement.

Art. 6. — Si le bailleur, sans vouloir reprendre l'immeuble pour l'occuper lui-même, justifie, par des motifs graves et légitimes, son refus de consentir au locataire le renouvellement du bail, il conserve le droit de louer son immeuble librement, même à un nouveau locataire exerçant le même commerce ou la même industrie, ou un commerce ou une industrie similaire. Mais si le propriétaire ou le nouveau locataire tirent un avantage appréciable de l'accroissement de clientèle ou d'achalandage créé par le locataire sortant, celui-ci peut agir contre eux en indemnité à concurrence de leur enrichissement.

Art. 7. — Les demandes en dommages-intérêts ou en indemnités prévues par la présente loi sont portées devant le tribunal de la situation de l'immeuble.

Elles se prescrivent par le délai de deux ans à partir de l'expiration du bail.

Art. 8. — Les dispositions ci-dessus ne s'appliquent pas aux baux emphytéotiques. Elles peuvent être invoquées par les sous-locataires lorsque le propriétaire a connu et approuvé la sous-location.

Art. 9. — Au cas où, le bail étant renouvelé, le locataire sous-louerait à un prix qui, directement ou indirectement, serait supérieur à celui du bail, le propriétaire deviendrait bénéficiaire de ce prix.

Art. 10. — Sont nulles et de nul effet toutes les clauses et stipulations contraires aux dispositions de la présente loi.

Art. 11. — Pendant les deux premiers mois de l'application de la présente loi, la demande de renouvellement pourra être faite par tout locataire dont le bail ne sera pas encore terminé, que ce locataire occupe les lieux en vertu de la convention ou en vertu de la loi du 9 mars 1918.

Art. 12. — La présente loi est applicable à l'Algérie et aux colonies où ont été promulgués le Code civil et le Code de commerce.

Les trois premiers articles de cette proposition de loi sont assez nets, assez précis pour se passer de tout commentaire. Mais il n'en est point de même, hélas ! des suivants qui sont de véritables nids à procès.

Ainsi, l'article 4, avec ces mots « motifs graves et légitimes » par lesquels le propriétaire devra justifier son refus de louer à l'occupant actuel, ne semble-t-il pas vous conduire tout droit au tribunal? Car vous pensez bien que le locataire, même fautif, ne se laissera pas faire sans protester.

Je sais bien que l'intention des membres de la Commission du commerce et de l'industrie a été, là, de sauvegarder les droits du propriétaire et qu'ils ont voulu viser dans ces motifs graves : le non-païement du loyer, la violation inexcusable du bail, l'abus de jouissance du locataire, etc. N'empêche qu'il y aura là matière inépuisable à chicanes et le rapporteur le sent si bien qu'il dit : « Les tribunaux apprécieront ».

Quant aux articles 5 et 6, si leur compréhension ne nécessite aucun effort, je vois, tout au moins pour ma part, l'article 5 en complète opposition avec l'article 1er. Au surplus, c'est encore devant les juges que viendront agir les locataires évincés pour obtenir du propriétaire ou du nouveau locataire l'indemnité proportionnée à leur enrichissement occasionné « par l'avantage appréciable de l'accroissement de clientèle ou d'achalandage créé par lui. »

Et sur quelles bases le tribunal s'appuiera-t-il pour évaluer cet enrichissement?

Certes, aujourd'hui, avec les moyens d'investigation que le fisc a à sa disposition, il y a là des éléments d'appréciation, mais ils ne seront jamais suffisants pour déterminer la valeur que le juge aura à fixer.

Ces textes et leurs lacunes prouvent quels embarras le législateur a trouvés sur sa route. En résumé, il veut bien reconnaître aux commerçants et industriels le droit à la « propriété commerciale », mais il veut aussi ne pas dépouiller complètement le propriétaire de son droit de propriété, — le lui laisser par exemple comme dans le cas des terrains miniers, des parcelles enclavées, — ni lui enlever sa liberté d'agir pour le cas où des « motifs graves et légitimes » de mésintelligence viendraient à le mettre en opposition avec son locataire.

Pour achever ces commentaires un peu concis et l'exposé général de la question que je me suis efforcé d'établir avec impartialité, j'entends dire en la prenant sous ses deux aspects, je tiens à publier la critique très serrée et très claire que M. Cotelle, notaire honoraire, vice-président de l'Union de la propriété bâtie de France et de la Chambre syndicale des propriétaires immobiliers de la ville de Paris, a faite sur le rapport de M. Levasseur.

Nous assistons, dit M. Edouard Cotelle, depuis quelques mois, à une recrudescence de la campagne insidieusement menée contre la propriété bâtie sous le titre rassurant, mais tout à fait inexact et trompeur de : « Reconnaissance de la Propriété commerciale ».

Il ne s'agit nullement, en effet, de proclamer la reconnaissance de la propriété commerciale dont personne n'a jamais contesté l'existence, mais uniquement de donner aux locataires d'immeubles à usage commercial ou industriel, le droit d'exiger à perpétuité le renouvellement de leurs baux, « au mépris des conventions signées par eux ».

Il ne suffit pas que la loi du 9 mars 1918 ait accordé à tous les locataires commerçants ou industriels une prorogation d'une durée égale à celle des hostilités, c'est-à-dire de plus de cinq années, ce que leurs très zélés défenseurs réclament pour eux, c'est une prorogation illimitée et toujours renouvelable à leur gré.

Le texte voté par la Chambre des députés le 13 mars 1919, peu de mois avant l'expiration de son mandat, et qui consacrait cette étrange prétention, a été repoussé par le Sénat, qui lui a substitué un projet donnant aux locataires toutes les satisfactions légitimes auxquelles ils peuvent raisonnablement prétendre.

La commission du commerce et de l'industrie de la Chambre actuelle des députés n'a tenu aucun compte de l'avis du Sénat, et elle propose à la Chambre de reprendre le texte de sa devancière qui constituerait, suivant l'expression du rapporteur, M. le député Levasseur, un accord transactionnel entre la propriété immobilière et la propriété commerciale.

Les griefs invoqués dans l'intérêt des locataires sont au nombre de deux :

I. — Certains propriétaires refuseraient de renouveler les baux de leurs locataires pour bénéficier, sans bourse délier, de la clientèle créée par eux, soit en l'exploitant directement, soit en installant à leur place, moyennant des loyers considérablement majorés ou moyennant des pots-de-vin versés de la main à la main, de nouveaux locataires exerçant la même profession.

Si un aussi fâcheux abus s'est jamais produit, ce doit être fort rarement, car jamais aucun exemple topique ne nous a été signalé.

Au surplus, à supposer que l'abus soit possible, le projet du Sénat le prévoit et le réprime en obligeant, en pareil cas, le propriétaire à indemniser le locataire évincé.

Ce n'est donc pas sur ce point que porte le désaccord entre le Sénat et la Commission de la Chambre des députés.

II. — Le second grief des locataires est le suivant :

Les propriétaires qui, autrefois, étaient, paraît-il, conciliants et qui s'entendaient sans peine avec leurs locataires pour renouveler leurs baux, seraient devenus intraitables dans la période qui précède la guerre et soumettraient maintenant leurs locataires à un régime d'exigences renouvelées, en confisquant ainsi le plus clair des bénéfices dus à leur travail et à leur intelligence. Les grands magasins et les établissements de crédit provoqueraient d'ailleurs une véritable expropriation du petit commerce en accaparant à prix d'or les locaux les mieux placés.

Pour remédier à une situation présentée sous des couleurs aussi sombres, la Commission de la Chambre des députés propose d'accorder au locataire commerçant un droit de priorité en vue d'obtenir de préférence à tout autre locataire un nouveau bail de même durée que l'ancien. Si le propriétaire consent à renouveler le bail, mais à des conditions nouvelles, et si les deux parties ne peuvent se mettre d'accord sur ces conditions, ce sont des arbitres qui trancheront le différend. Si le propriétaire refuse de renouveler le bail, sans justifier ce refus par des motifs « graves et légitimes », le locataire pourra lui demander des dommages-intérêts, sans préjudice de ceux auxquels il aura droit si le propriétaire loue à un nouveau locataire exerçant le même commerce ou un commerce similaire.

La loi serait applicable aux baux déjà en cours et toutes clauses contraires à ses dispositions seraient nulles et de nul effet.

Ainsi, le propriétaire qui aura loué, par exemple, pour douze ans, une des boutiques de sa maison à un boucher ne pourra plus jamais en reprendre possession pour la relouer à un bijoutier, sans s'exposer au paiement de dommages-intérêts. Il sera obligé de renouveler tous les douze ans le bail du boucher, à moins qu'il ne puisse justifier son refus par des motifs graves et légitimes dont l'appréciation est laissée à l'arbitraire du juge. Il sera lié pour l'éternité sans aucune réciprocité, car le locataire, conservant sa liberté entière, sera seul maître d'exiger ou non le renouvellement de son bail.

Jusqu'ici, on considérait comme immuable et à l'abri de toute atteinte un certain nombre de principes sur lesquels repose l'édifice social et que le Code civil consacre : La propriété était, d'après l'article 544, le droit de jouir et de disposer des choses de la manière la plus absolue. Les conventions légalement formées tenaient lieu de loi à ceux qui les avaient faites (article 1134); enfin un débiteur ne pouvait être condamné au paiement de dommages-intérêts qu'en raison de l'inexécution de son obligation ou de retard dans son exécution (article 1147). Ces vérités fondamentales admises chez tous les peuples civilisés auraient fait leur temps, si on en croit la Commission de la Chambre des députés, et on pourra désormais faire condamner un propriétaire à des dommages-intérêts, alors qu'il aura scrupuleusement rempli tous ses engagements.

Nous n'entreprendrons pas de suivre le rapporteur de la Commission dans la discussion à laquelle il se livre pour démontrer que le projet qu'il soutient, non seulement ne porte aucune atteinte aux règles de notre législation et au principe de la liberté des contrats, mais encore ne fait que les mettre en œuvre, et qu'il est en harmonie, sinon avec les conventions expresses des parties, du moins avec leurs intentions présumées lorsqu'elles ont traité. L'argumentation est vraiment trop simpliste. Soutenir que le propriétaire qui a consenti un bail de douze ans s'est tacitement obligé à le renouveler de douze ans en douze ans jusqu'à la consommation des siècles; dire qu'une loi qui déclare nulles toutes conventions contraires aux dispositions qu'elle édicte avec effet rétroactif ne porte aucune atteinte à la liberté des contrats, ce sont, il nous semble, des affirmations auxquelles il est inutile de répondre.

Mais il est une considération, longuement développée dans le rapport, qui appelle une réfutation indispensable.

Le rapporteur, qui prétend défendre le petit commerce, pense que l'adoption du projet de la commission aurait les plus heureuses répercussions et s'exprime ainsi : « Tout d'abord, la valeur du fonds de commerce qui n'est plus aujourd'hui qu'une valeur flottante, de convention, sinon de spéculation, et ne peut être prudemment basée que sur les bénéfices à obtenir pendant les années de bail restant à courir, se trouverait à la fois consolidée et augmentée. Elle constituerait ainsi un élément stable des patrimoines aussi bien que de la fortune nationale. Celle-ci se trouverait du coup accrue de plusieurs milliards ».

Peut-être y a-t-il quelque exagération dans ces derniers mots, mais peu importe. Ce qui est vrai, c'est que le privilège que la loi accorderait aux locataires, c'est-à-dire le droit d'exiger à perpétuité le renouvellement de leurs baux, ne profiterait qu'aux locataires actuels et mettrait entre leurs mains un monopole singulièrement dangereux pour le petit commerce. Les propriétaires n'étant plus maîtres chez eux, ce sont les locataires qui disposeraient seuls de tous les locaux à usage commercial ou industriel. Pas un local ne serait plus à louer et, pour s'installer, tout nouveau venu devrait forcément subir la loi de son cédant et acquérir son fonds de commerce, fût-il par lui-même sans valeur.

Tel est le résultat certain auquel aboutirait l'adoption du projet de la Commission. Les locataires actuels, *beati possidentes* qui ont su ce qu'ils faisaient quand ils ont signé leurs baux et qui ont calculé leurs amortissements en conséquence, recevraient, absolument sans cause, un don généreux au préjudice des propriétaires et surtout des futurs locataires.

L'expérience permet d'affirmer que les exigences des locataires, quand on demande à acquérir leur droit au bail ou qu'on leur propose une résiliation, ne le cèdent en rien à celles des propriétaires les plus intransigeants. Il suffit, pour s'en convaincre, de consulter les statistiques établies en matière d'expropriations pour cause d'utilité publique et de comparer le montant des indemnités réclamées par les propriétaires et par leurs locataires. La Commission de la Chambre ne l'ignore pas, aussi a-t-elle introduit, dans son projet, un article 9 ainsi conçu : « *Au cas où le bail étant renouvelé, le locataire sous-louerait à un prix qui, directement ou indirectement, serait supérieur à celui du bail, le propriétaire deviendrait bénéficiaire de ce prix* ». L'intention de la Commission est sans doute excellente, mais ce n'est jamais sous forme de sous-location que le locataire disposera de son droit au bail. Ce sera sous la forme d'une vente de son fonds de commerce, et la précaution prise par le législateur restera illusoire.

M. le Rapporteur nous apprend (page 29) que, fréquemment, *le propriétaire se fait remettre de la main à la main un pot-de-vin pour prix d'une clientèle qui ne lui appartenait pas, qu'il a cependant vendue !* Peut-il nous assurer que jamais un locataire ne se fera remettre de la main à la main un pot-de-vin pour prix de son droit au renouvellement du bail, c'est-à-dire pour prix d'un privilège qui ne lui appartenait pas et que la loi lui aura généreusement octroyé ?

M. le Rapporteur demande au Parlement de répondre à l'appel de l'opinion publique. N'est-il pas à craindre qu'il confonde l'opinion publique avec l'opinion des intéressés ?

Que les commerçants acclament les orateurs de meetings qui font miroiter à leurs yeux un privilège destiné à les enrichir, cela n'a vraiment rien de surprenant, mais il faut se garder de considérer ces manifestations bruyantes comme l'expression impartiale de la justice et de la vérité.

Il nous paraît impossible que la Chambre des députés consente à suivre sa Commission dans la voie périlleuse où elle est entrée. Trop de décrets, trop de lois d'exception sont venus depuis le mois d'août 1914 battre en brèche le droit de propriété et encourager les efforts de ceux qui rêvent de le détruire.

Il est grand temps de s'arrêter dans cette course à l'abîme.

On le voit, la proposition de loi est passée au crible comme il faut, mais n'empêche que son vote n'en est pas moins acquis dans les deux Assemblées, l'accord sur les principes essentiels étant fait entre elles.

Il reste à souhaiter qu'on puisse trouver le correctif nécessaire pour éviter le plus possible les conflits judiciaires en perspective, et à savoir dans quelle mesure des retouches y seront apportées au cours des prochains débats qui, pour être moins longs que ceux de 1919, n'en seront pas moins vifs et moins passionnés.

www.ingramcontent.com/pod-product-compliance
Ingram Content Group UK Ltd.
Pitfield, Milton Keynes, MK11 3LW, UK
UKHW022149260726
13993UKWH00005B/2259